Docteur d'Arbois de Jubainville.

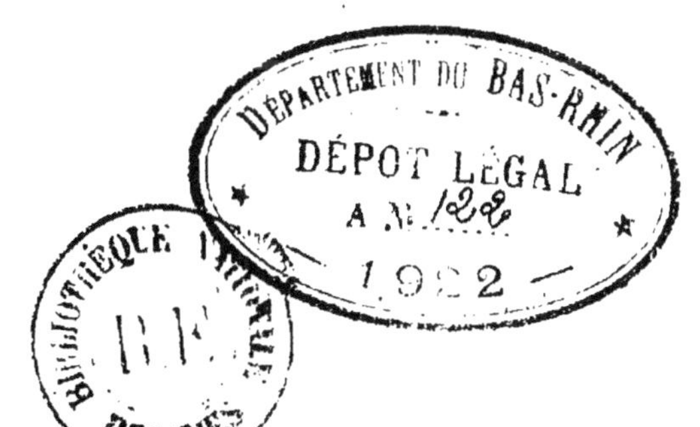

Le Péril allemand
en Savoie

Editions
de la Gazette Médicale de Strasbourg.

Docteur d'Arbois de Jubainville.

Le Péril allemand en Savoie

Le Péril allemand en Savoie

Le Teuton est envahissant, patient, arriviste ;
le Français est toujours un Croisé, généreux et idéaliste.
Le premier n'invente rien, sait transformer et utiliser,
commercialiser les découvertes en leur donnant la lourde
marque germanique ; le second a l'esprit subtil, mais
ne sait pas assez suivre ses idées pour en profiter, il en a
tellement qu'il les sème sans surveiller le terrain où elles
germent, ni s'inquiéter de savoir qui fera la récolte.

Une application de ces observations peut être faite
à notre industrie thermale.

Les cures d'eaux chaudes ou froides sont nées en
France sous la conquête romaine, les nombreux vestiges
des bains admirables que nos éducateurs ont construit sur notre sol, attestent la vogue qu'ils présentaient
alors. Les stations hydro-minérales ont résisté aux tour-
mentes de toutes sortes qui ont ravagé notre pays ;
les envahisseurs de l'est les ont étudiées avec profit,
en ont créé de toutes pièces sur leur modèle, exploitant
des sources quelconques, ont construit des palaces,
des instituts à noms imposants, des laboratoires de
façade pour attirer les pauvres alouettes que sont les
malades : celles-ci viennent s'y buter sans résultats
durables pour leur santé, car ces officines sont creuses,
vides, dépourvues de science vraie.

Cet étalage médico-commercial a tellement frappé
les Savoyards qu'ils n'ont pas hésité, après l'avant-

dernière guerre, à débaptiser la perle unique qu'ils possèdent, ils n'ont pas craint d'appeler Brides, le „**Carlsbad français.**"

Erreur monstrueuse qui fait le plus grand tort à la ville d'eaux française que la traîner à la remorque de la station allemande plus jeune !

L'administration a fait éditer cette année une pochette contenant les différents renseignements pratiques : noms des hôtels, prix des traitements, différents horaires ; à la partie inférieure de la couverture joliment illustrée, couleur horizon, s'étale en grandes lettres : « LE CARSLBAD FRANÇAIS.» Que veut donc le conseil d'administration chargé de défendre les intérêts de Brides ? Pourquoi ne prend-il pas l'avis du corps médical qui depuis plus de 20 ans réclame contre ce synonyme ridicule ?

Le Professeur Huchard, le grand patriote, qui a tant fait pour les villes d'eaux françaises, ne disait-il pas en 1903 à un de ses élèves médecin-consultant » à Brides : « *Mon bon ami, je vous en prie, dans l'intérêt de vous tous, dites donc à votre direction thermale de supprimer cette appellation de Carlsbad français, est-ce que les Teutons appellent leur station le Brides allemand, vous leur faites une réclame gratuite et pourquoi ?*»

L'éminent savant n'ignorait pas que la meilleure forme de réclame consiste dans la répétition d'un nom. Prononcer, écrire, afficher **Carlsbad français**, c'est travailler pour Carlsbad, présenté comme la station type.

Cette année, le Professeur Paul Blum, de Strasbourg, disait, dans son voyage de médecins alsaciens et lorrains, venus étudier les eaux de la Savoie pendant les vacances de la Pentecôte, tout le mal que faisait sur les bords du Rhin cette appellation de Carlsbad français accolé au nom de Brides. Le malade, même alsacien ou lorrain, oublie peu à peu les heures angoissantes de l'occupation, et, quand son médecin lui parle de venir se soigner en France, il accepte de retourner en Tchéco-Slovaquie puisqu'on lui clame sur tous les tons que Brides vaut à peine Carlsbad.

Le Professeur Strasbourgeois, aujourd'hui même, dans une lettre, pleine d'esprit français adressée à un des médecins-consultants espère que « *Brides va renoncer à se réclamer de Carlsbad ; nous avons mieux a faire, dit-il, que de jouer le rôle de petit garçon par rapport aux stations étrangères, Brides possède une personnalité chimique assez nette, son action est assez efficace pour se passer de tuteur.*»

Le Professeur Pierry, de la Faculté de Lyon venu il y a un mois avec ses élèves, faisait le même procès dans des termes analogues.

Rappelons donc que les deux stations n'ont aucun rapport. Les eaux de Brides sont sulfatées calciques et sulfatées sodiques, les eaux de Carlsbad sont bicarbonatées sodiques et chlorurées sodiques. Les premieres sont décongestionnantes sans rivales et servent à traiter des insuffisances fonctionnelles du foie et l'hyposphyxie ou mauvaise circulation abdominale avec viscosité sanguine élevée. Par l'action des secondes, accompagnée d'un vaste bluff, on prétend trouver un soulagement à trop d'affections pour que leur effet thérapeutique soit réel dans une maladie bien déterminée.

Ensuite, l'altitude des deux stations vaut d'être comparée : Carlsbad est à **384** m. au-dessus du niveau de la mer tandisque Brides offre le climat de montagne à **600** mètres.

Enfin, l'orientation de Brides est toute spéciale, elle se trouve dans une vallée dirigée du nord-ouest au sud-est, de sorte que les pluies y sont rares, les nuages étant arrêtés à l'ouest et au sud par de belles forêts plantées à 1500 et 1800 mètres. Une brise agréable souffle tous les jours dans le même sens, venant du nord-ouest, entre onze heures et trois heures. Les orages sont retenus par des glaciers de 3800 mètres qui les détournent. La vallée offre un calme idéal dominé par les hautes neiges.

Nous ne pouvons, pour terminer, que résumer le discours prononcé par le professeur Paul Blum, au banquet qui réunissait ses élèves ainsi que les médecins et les notabilités de la station :

« Brides offre aux obéses, aux pléthoriques abdominaux, aux insuffisants hépatiques, aux congestionnés du foie par surcharge alimentaire, aux constipés, les bienfaits de ses eaux thermales, sulfatées, magnésiennes, sodiques, calciques, chlorurées, ferrugineuses et légèrement gazeuses. L'air vivifiant de la Tarentaise, la facilité de promenades nombreuses et aisées, la proximité d'altitudes élevées, le voisinages de Salins-Moutiers (20 minutes) qui permet une *cure combinée unique au monde* dans l'hypertension artérielle chez l'insuffisant hépatique et dans l'hyposphyxie chez l'insuffisant pluriglandulaire, rendent le séjour de Brides aussi agréable que bienfaisant. Depuis quelques années, de grands efforts ont été faits par la Société pour donner à cette station les perfectionnements dont elle avait besoin. Un médecin-consultant a eu l'heureuse initiative d'y créer en 1913 un terrain de cure et un établissement de culture physique qui ont mérité une médaille d'or à l'exposition d'hygiène de Lyon en 1914 ; il a continué son œuvre en construisant cette année un grand laboratoire, bien exposé au nord, consacré à l'étude du sang et dirigé par Madame Azière (Melle Lupin qui a été 6 ans au laboratoire du Professeur Widal). Il est certain, à présent, que cette station va prendre le développement que mérite la valeur de ses eaux et qu'elle est appelée à devenir une de nos meilleures stations françaises.»

Après ce souhait dont nous tous, médecins de Brides et de Salins-Moutiers, ne pouvons que nous efforcer de hâter la réalisation, nous préciserons ainsi l'action de notre cure :

La vertu des eaux de Brides et de Salins-Moutiers associées est admirable, leur caractèristique est de relever la nutrition générale et de tonifier l'organisme tout en le purgeant, double effet qui parait contradictoire parce qu'il est pharmaceutiquement irréalisable.

Léopold d'Arbois de Jubainville,
Médecin consultant à Brides les Bains.